TRIBUNAL DE COMMERCE DE TOULOUSE

RAPPORT

SUR

LE PROJET DE LOI

RELATIF

AUX FAILLITES

TOULOUSE

IMPRIMERIE F. TARDIEU

1, RUE DU MAY, 1

—

1885

TRIBUNAL DE COMMERCE DE TOULOUSE

RAPPORT

SUR

LE PROJET DE LOI

RELATIF

AUX FAILLITES

TOULOUSE

IMPRIMERIE F. TARDIEU

1, RUE DU MAY, 1

—

1885

RAPPORT

SUR

LE PROJET DE LOI RELATIF AUX FAILLITES

Extrait du Registre des Délibérations du Tribunal de Commerce de Toulouse.

I

L'an mil huit cent quatre-vingt-cinq et le lundi neuf novembre, le tribunal de commerce de Toulouse, sous la présidence de M. Fourcade, s'est réuni en assemblée générale et en chambre du conseil, pour entendre le rapport présenté par M. Chassaing, sur les projets de loi relatifs à la réforme de la législation en matière de faillites.

M. Chassaing s'est exprimé en ces termes :

Dès 1830, le commerce réclamait « la création légale d'un état inter-« médiaire entre la solvabilité et la faillite, dont la destination serait « d'offrir des garanties et des règles pour les simples suspensions de « paiements et pour les contrats d'atermoiement qui peuvent en être la « suite. »

La loi de 1838, principalement l'œuvre du savant jurisconsulte Renouard, ne consacra cependant pas ce principe ; c'est pourquoi cette même question est posée encore aujourd'hui devant le Parlement, appelé sous la pression des faits à remanier entièrement notre législation sur les faillites.

Cette grave question n'avait cependant jamais cessé d'intéresser vivement le monde des affaires, et on retrouverait facilement un écho

, énergique de ces préoccupations, dans la presse commerciale, dans les vœux des diverses chambres de commerce, notamment celles de Lyon et de Marseille.

En 1848, trois projets de lois furent présentés dans le but de donner satisfaction aux désirs du commerce, mais écartés sous l'influence des jurisconsultes de l'assemblée, notamment du professeur de droit commercial, Bravard-Veyrières.

Pendant les tristes évènements de 1870-71, la vie commerciale fut suspendue pour presque la moitié des négociants français, qui se trouvèrent, de fait, en état de suspension de paiements. Le gouvernement, reconnaissant la force majeure, légalisa cette situation par divers décrets de prorogation, et les maisons de banque durent conserver en portefeuille des stocks considérables de valeurs échues, portant les traces des divers délais accordés au débiteur pour sa libération.

L'impression produite sur les esprits par cette situation exceptionnellement pénible, fut assez vive, pour que malgré les patriotiques préoccupations de ces journées funestes, M. Ducuing crût devoir présenter un projet de loi, organisant l'état de liquidation judiciaire; il fut écarté sous l'influence de l'éminent président actuel du Sénat, M. Le Royer.

Cette opposition soutenue des plus savants jurisconsultes (1), ne doit pas trop étonner, moins encore arrêter les honorables membres de la Chambre qui attachent leur nom à cette réforme.

Vivant dans un milieu spécial, dans une atmosphère de théorie pure et de droit absolu, l'esprit des magistrats est naturellement rebelle aux nécessités pratiques de la vie commerciale, et M. Le Royer, argumentant de ce que la liquidation judiciaire entraînerait la suppression de la réhabilitation, sacrifiait tout simplement au culte de la théorie pure.

S'il eût compté le petit nombre de réhabilitations (qui dans la plupart des cas, du reste, ne sont que de simples concordats avantageux), les bénéfices qu'en retire le commerce, et qu'en regard il eût reporté les inconvénients qui résultent du maintien de la loi de 1838, la balance

---

(1) Exception faite cependant pour la cour d'appel de Toulouse, qui, par l'organe de M. le président Cousin, rapporteur désigné, vient de présenter un très remarquable rapport, approuvant, sauf quelques modifications de détail, l'ensemble du projet de loi.

de ce compte l'eût amené probablement à opiner d'une manière différente.

La même opposition se retrouvera encore dans la discussion qui, nous l'espérons, s'ouvrira prochainement ; au seuil même de cette discussion, se présente déjà l'opinion défavorable émise par la plus haute compagnie judiciaire, la Cour de cassation (1).

La Cour suprême se prononce pour le maintien de la faillite, dans tous les cas, avec ce tempérament toutefois qu'il serait ultérieurement loisible aux tribunaux de rapporter le jugement déclaratif de faillite, si, après examen de la gestion du négociant, elle apparaissait exempte de reproche.

Frappez d'abord, dit la haute Cour, les tribunaux sauront ensuite reconnaître les leurs.

Quelle que soit la déférence qui s'attache en France aux décisions de la Cour suprême, il est aussi une opinion ayant droit à quelques respects, c'est celle de tous les intéressés qui, par l'organe des chambres et tribunaux de commerce, se prononcent généralement en faveur du projet de loi, sauf cependant certaines modifications que l'expérience et la pratique ont suggérées.

C'est dans cette expression raisonnée et éclairée de l'opinion publique que le projet puisera sa force morale; c'est devant les faits lamentables dévoilés par l'enquête à laquelle a fait procéder le ministère que viendront se briser les théories juridiques les plus brillamment soutenues (2).

(1) Le *Messager de Paris*, un des plus importants organes commerciaux de Paris, dans un article analysant ce rapport, s'est exprimé en ces termes :

« Nous avons lu, avec l'attention qu'il mérite, le rapport dans lequel cette commission développe les motifs de son avis. Mais nous n'y avons pas trouvé de raison péremptoire. Il traduit le scrupule très légitime de savants magistrats qui craignent de porter témérairement la main sur la loi de 1838, à l'interprétation de laquelle ils ont habitué leurs esprits. Les nécessités bien autrement pressantes de la pratique ne permettent pas de s'y arrêter. Il nous sera facile, ce semble, de le démontrer quand le moment sera venu. »

(2) Voici les résultats donnés par le rapport de la chancellerie, sur l'administration de la justice civile, pendant l'année 1883, dernier exercice connu :

Sur 7,989 faillites, restant ouvertes au 1er janvier 1884, 10 0[0 remontent à plus de 5 ans, 4 0[0 ouvertes depuis 4 à 5 ans, 6 0[0 depuis 3 à 4 ans, 11 0[0 de 2 à 3 ans, 21 0[0 de 1 à 2 ans.

De 1871 à 1883, le nombre proportionnel des concordats est descendu de 18 à 11 0[0, tandis que celui des clôtures pour insuffisance d'actif est monté de 36 à 44 0[0. Pour 1883, le passif de toutes les faillites terminées était de 313 millions ; l'actif, réduit à 80 millions, a laissé aux créanciers une perte de 233 millions.

Rien, du reste, ne saurait mieux démontrer l'urgence de la modifica-
tion projetée que la pratique journalière, qui, par anticipation, en est
faite dans les affaires. Beaucoup de tribunaux, y compris le nôtre, ont
autorisé des liquidations judiciaires ; et en dehors des tribunaux, nous
voyons fréquemment des créanciers, redoutant la faillite, se réunir et
accorder unanimement au débiteur le temps et la faculté de réaliser
l'actif et de leur en faire la répartition, sous le vigilant contrôle de
l'un d'entre eux. Jusqu'ici, nous avons pu voir ces arrangements pro-
duire de meilleurs résultats que la faillite ; il eût cependant suffi d'un
créancier récalcitrant pour les rendre impossibles.

La loi de 1838 est donc violée en fait, au détriment de la morale
publique, c'est la preuve surabondante qu'elle n'est plus en harmonie
avec nos mœurs et nos besoins commerciaux, si profondément modifiés
depuis l'époque de sa promulgation. En peut-il être différemment, du
reste ? L'invention de la vapeur, du télégraphe, des outillages modernes
ont bouleversé de fond en comble les habitudes commerciales de nos
pères, et par conséquent, la construction judiciaire qui les abritait ;
nous fréquentons tous d'honorables commerçants qui, enrichis dans
certaines industries, par d'anciennes et fort respectables méthodes, ont
dû cependant renoncer à la lutte engagée aujourd'hui dans des conditions qui déroutent leur sage expérience.

Le remaniement de la législation sur les faillites est la conséquence
logique de la transformation économique qui s'est opérée ; une chose
même doit nous surprendre : c'est qu'un tel anachronisme ait pu se
prolonger aussi longtemps ; il faut l'âpreté de nos querelles politiques
pour l'expliquer.

Si nous jetons un coup d'œil sur les peuples commerçants, nos voi-
sins, nous voyons que tous ont mis au point leur législation commerciale tout entière, jusqu'alors inspirée de la nôtre : la Belgique en
1863 d'abord, et plus profondément en 1883, l'Allemagne complètement en 1871, l'Italie en 1881. Quant à l'Angleterre, dont les lois
constitutionnelles sont immobiles depuis près de deux siècles, qua-
rante-trois fois depuis soixante ans, elle a modifié la seule législation
sur les faillites.

L'approbation que nous donnons en principe au projet de loi soumis
aux Chambres ne va pas cependant sans certaines réserves que nous

formulons plus loin ; à nos yeux, un des dangers du projet de loi, c'est qu'elle n'apparaisse comme la consécration du relâchement, malheureusement trop réel, de nos mœurs commerciales, par l'adoucissement apporté à la situation du débiteur insolvable ; c'est aussi la crainte qu'elle ne fasse éclore une industrie nouvelle, celle de liquidé judiciaire. Pour couper court à cette floraison, nous pensons que la loi doit contenir un article décidant que le bénéfice de la liquidation judiciaire ne pourra être accordé deux fois au même commerçant.

Le caractère qui doit se dégager nettement de la loi, c'est qu'elle constitue un acte de justice en faveur du négociant malheureux, victime quelquefois des circonstances, même de son insuffisance, mais resté honnête dans sa déconfiture et à qui on ne doit humainement appliquer la flétrissure de la faillite. C'est cette considération qui fait que nous nous élevons énergiquement contre le minimum concordataire exigé pour l'obtention du bénéfice de la liquidation judiciaire : les causes qui peuvent entraîner la ruine d'un négociant peuvent être si imprévues, si soudaines et de nature telle, qu'il soit impuissant à en conjurer les effets et doive assister à sa ruine, sans avoir commis aucun acte contraire aux règles de la plus sévère probité commerciale.

Exiger un minimum en de telles circonstances serait presque immoral, l'honnêteté du négociant existe ou non, c'est aux tribunaux à l'apprécier, il ne peut dépendre d'un reliquat plus ou moins important de modifier ce fait. Cela détruirait la portée morale de la loi, qui doit rester l'expression de l'acte d'une société tendant la main à un de ses membres malheureux, mais non malhonnête.

Pour ce motif, il nous paraîtrait conforme à l'esprit du projet que le liquidé judiciaire puisse toujours garder le bénéfice de sa situation, soit qu'il obtienne ou non un concordat.

Par contre, nous pensons très vivement qu'alors que la loi témoigne de son indulgence à l'égard du négociant malheureux, mais de bonne foi, elle doit se montrer ferme pour celui qui a cessé de l'être ; que la privation de l'éligibilité d'abord, et des droits électoraux ensuite, sont des mesures par trop anodines, surtout pour le failli déclaré non excusable, contre lequel l'édiction d'une pénalité matérielle nous paraît indispensable.

La privation des droits électoraux peut constituer une peine morale sensible pour un citoyen honnête, respectueux de toutes les lois de son pays, mais quelle contrariété pense-t-on qu'elle puisse imposer à un homme dont les actes commerciaux témoignent d'une absence presque totale de sens moral ?

Nous n'hésiterions pas, au nom de la morale et de la probité commerciale, à demander la répression rigoureuse des faillites, si nous ne reconnaissions qu'avec le projet de la Commission, ce but pourra être atteint, en utilisant les articles relatifs à la banqueroute.

Par une précision suffisante des délits pouvant constituer le cas de banqueroute, la faculté accordée aux liquidateurs et contrôleurs d'intenter une action dans ce but, les créanciers et les tribunaux auront en main une arme leur permettant d'atteindre et de frapper les débiteurs malhonnêtes, dont l'impunité constituait un outrage aux sévères notions de probité qui sont le patrimoine respecté de notre vieux commerce.

Les lois valent, dit-on, surtout par l'application qu'on en fait, nulle ne démontrera mieux que celle-ci la vérité de cet axiome.

II

Les projets soumis à la Chambre des députés sont au nombre de quatre ; une appréciation détaillée de chacun d'eux serait fort intéressante, mais comporterait un travail trop étendu pour lequel le temps nous a fait absolument défaut. Nous nous bornerons à indiquer d'un mot l'impression que nous a laissée la lecture de ces documents.

Le projet de MM. Waddington et Dautresme, du 3 avril 1879, ne traite qu'une partie de la question à résoudre; il est donc incomplet ;

2° Celui de M. Saint-Martin, de décembre 1881, codifiant toute la matière, nous a paru conçu à un point de vue beaucoup trop sentimental et partant insuffisamment pratique ;

3° Celui du gouvernement, 9 juillet 1882, excellent dans certaines parties, respecte trop scrupuleusement peut-être la loi de 1838;

4° Enfin, celui de la commission de la Chambre (16 février 1884) nous paraît, avec certaines modifications, tenir compte, dans une certaine mesure, des sentiments d'humanité si naturels au cœur de tout Français, en même temps que du respect légitimement dû aux droits et aux intérêts des créanciers.

C'est de la fusion de ces deux derniers projets que nous paraît devoir sortir la future loi.

Nous allons les suivre dans leur développement, en nous bornant à formuler brièvement nos objections contre certains articles.

III

De la Liquidation judiciaire

L'innovation capitale du projet est certainement la création de l'état de liquidation judiciaire ; ce sera le relief de la nouvelle loi.

L'art. 438 de la commission porte : « La liquidation judiciaire ne peut être ordonnée que sur requête présentée par le débiteur au tribunal de son domicile, dans les dix jours de la cessation de ses paiements. »

La requête est accompagnée d'une liste indiquant le nom et le domicile de tous les créanciers.

La commission paraît ici n'avoir vu dans le commerce français qu'une seule catégorie de commerçants : ceux qui, ayant des livres et des écritures réguliers, peuvent se rendre compte de leur situation précise et du moment exact où ils sont en état de cessation de paiements.

Or, la pratique journalière nous apprend que 25 pour cent de faillis tout au plus se trouvent dans de telles conditions ; les 75 autres sont de pauvres boutiquiers, n'ayant jamais eu les ressources suffisantes, d'anciens ouvriers entraînés par un esprit exagéré d'indépendance ou une présomptueuse confiance dans quelques qualités, qui pouvaient leur assurer une bonne place parmi leurs camarades, mais non constituer l'ensemble d'aptitudes nécessaires pour assurer une bonne gestion.

La plupart commencent sans ressources suffisantes, à l'aide du crédit que la concurrence rend facile à obtenir, et leur existence commerciale n'est qu'une longue suite d'expédients pour éviter, ou plutôt pour retarder l'inévitable catastrophe. A peine installés, ils vont, traînant l'aile, tirant le pied, trébuchant à chaque échéance contre les protêts toujours de plus en plus nombreux, accusant toujours le *malaise des affaires*, d'une gêne qui grandit à mesure que l'actif s'épuise, et conservant l'espoir qu'une *reprise*, viendra les soulager, les tirer d'embarras, jusqu'au moment où la déclaration de faillite coupera court à tous ces rêves.

Pour ceux-là, et ce sont les plus nombreux, la suspension de paiements n'a point d'époque précise, et aucun d'eux ne pourrait obtenir le bénéfice de la liquidation judiciaire, si la rédaction était maintenue.

Nous estimons donc que l'état de liquidation doit être déclaré par le tribunal, soit sur la demande du débiteur, soit sur celle du ou des créanciers, ainsi que le demande le projet du gouvernement.

Si, en effet, la situation crée un avantage moral pour le débiteur et matériel pour le créancier, pourquoi en accorder le bénéfice au seul débiteur seulement?

Ce serait absolument illogique et injuste.

L'art. 441 dit qu'à partir du jugement aucune poursuite ne peut être dirigée contre le débiteur et que les créanciers ne peuvent poursuivre la vente des immeubles sur lesquels ils n'ont pas d'hypothèque.

Cette interdiction nous paraît devoir être, pour la durée de la liquidation, étendue aux créanciers hypothécaires eux-mêmes, suffisamment sauvegardés par l'inscription, et qui, par des poursuites rigoureuses, pourraient quelquefois compromettre les intérêts de la masse.

L'art. 443 attribue aux tribunaux de commerce la compétence exclusive pour l'homologation de toutes les transactions pouvant intervenir entre le débiteur et le liquidateur. Il serait important de préciser si cette faculté s'étend aussi bien aux droits mobiliers qu'immobiliers.

L'ancien article 444 n'est pas rappelé dans le projet de loi; il était ainsi conçu :

« En cas de faillite du souscripteur d'un billet à ordre, de l'accepteur d'une lettre de change ou du tireur, les autres obligés seront tenus de donner caution pour les paiements à échéance, s'ils n'aiment mieux payer immédiatement. »

La Banque de France use et usera de cette faculté malgré la nouvelle loi. Elle fait immédiatement rembourser à ses cédants tous les effets dont le débiteur est déclaré en faillite. Il nous paraîtrait juste d'étendre cette latitude à tous les endosseurs.

Les objections contre cette mesure nous paraissent spécieuses ; on objecte que c'est violer le contrat librement formé entre les parties, que de contraindre les obligés, bénéficiaires ou endosseurs, au remboursement avant l'échéance.

Le contrat est violé très certainement, mais par qui ? par le failli, par le principal débiteur, qui ne peut plus faire face à son engagement. Ce fait modifie complètement la situation du bénéficiaire ou des endosseurs au regard de leur cessionnaire, ils ont remis un titre dont la force consistait dans la promesse du paiement à échéance; cette promesse cessant d'exister, le contrat primitif est complètement modifié; il n'existe plus, tel qu'il a été consenti entre toutes parties, pourquoi, en ce cas, en demander la stricte observation à l'une d'elles seulement ?

L'art 446 crée des fonctions nouvelles, communes aux liquidations et aux faillites. Les créanciers désignent parmi eux, dit cet article, deux contrôleurs qui devront vérifier, conjointement avec le liquidateur, l'état de situation et remplir les fonctions définies dans le titre III.

Et le titre III, dans le passage relatif aux fonctions de contrôleurs, est ainsi conçu : « Les contrôleurs sont spécialement chargés de surveiller les opérations de liquidation et de vérifier les livres, ils ont toujours le droit de demander compte de l'état de la liquidation judiciaire ou de la faillite, des recettes effectuées et des versements faits. L'administrateur et le liquidateur sont tenus de les consulter sur les actions à intenter ou à suivre... »

D'après ce texte, les contrôleurs auraient simplement un rôle consultatif, aucune mesure active ne serait de leur ressort. Mais, si cependant, au cours d'une vérification, ils découvraient des agissements critiquables, ou si, après avoir été pressentis sur le mérite d'une action à intenter, et différé d'opinion avec le liquidateur, celui-ci passait outre, en ayant incontestablement le droit, n'y aurait-il pas là une source regrettable de conflits ? Nous pensons que si, et nous craignons que la création de ces fonctions, qui paraissent fort utiles en principe, ne soit plutôt nuisible en fait.

La pratique seule démontrera la valeur de cette innovation.

Peut-être pourrait-on cependant atténuer certains inconvénients, en décidant que, s'il se produit des divergences entre les contrôleurs et le liquidateur, le juge commissaire sera appelé à statuer dans les trois jours de la réclamation qui lui sera adressée, à cet effet, par l'une des parties, et que les contrôleurs auront toujours le droit de provoquer la réunion des créanciers, pour soumettre à leur appréciation les faits qui leur paraîtraient nuisibles aux intérêts de la masse.

IV

Du Concordat.

Le projet de loi accélère les formalités préliminaires, afin d'arriver promptement au concordat. C'est un bienfait, mais nous ne saurions partager la manière de voir de la commission, qui abaisse les conditions de majorité établies par la loi de 1838.

La majorité des voix et les trois quarts du montant total des créances étaient exigées pour l'obtention du concordat ; désormais, les deux tiers des sommes et la majorité des voix suffiraient.

Le droit de propriété a, comme tous les autres, des limites, nous le reconnaissons, et son exercice doit s'arrêter au point où il léserait le droit d'autrui, mais jusque-là rien ne doit le restreindre.

Le créancier est propriétaire de sa créance, et on ne peut l'obliger à en faire abandon qu'en faveur d'intérêts respectables et évidents, que sa morosité pourrait compromettre.

La majorité des créanciers, formant les trois quarts du passif, représentent une force matérielle et morale, suffisante pour obliger l'autre moitié, ne représentant qu'un quart, à subir une perte dans son intérêt présumé : mais abaisser cette limite, c'est s'exposer à voir des minorités respectables subir la tyrannie d'une coalition de créanciers imposant des concordats dérisoires de 5 et 6 0[0.

La Commission, dans son exposé des motifs, dit : La loi que nous vous proposons ne sera pas parmi les plus sévères des législations étrangères, mais elle sera bien plus exigeante que celle des Etats-Unis, votée en 1874, qui exige le quart en nombre et le tiers en somme.

L'exemple n'a pour nous rien de séduisant,

> Quand sur quelque personne on veut se modeler,
> C'est par les beaux côtés qu'il lui faut ressembler.

Et il ne nous apparaît pas, si nous avons des emprunts à faire à la grande République américaine, que ce soit du côté de ses mœurs politiques ou commerciales qu'il les faille faire.

Dans tous les cas, faudrait-il alors prendre la loi américaine jusqu'au bout et dire comme elle : « toutes les fois que les ressources de l'actif donneront plus de 30 0ı0. »

L'homologation du concordat par les tribunaux nous paraît indispensable, nous ne pouvons que citer, à ce sujet, les paroles de M. le président Cousin :

« Nous nous élevons contre cette manière de voir et refusons de nous incliner devant l'omnipotence des assemblées de créanciers ; le dernier mot doit appartenir à la justice, c'est-à-dire aux tribunaux, dont le pouvoir d'annuler les traités ou concordats atteints de vices dans la forme, ou au fond, doit être conservé. »

V

De la Faillite.

On peut dire aujourd'hui, sans exagération, que la déclaration de la faillite est devenue la terreur des créanciers ; si quelques-uns persistent à s'en servir, c'est plutôt dans un but de coercition, afin d'obtenir, si possible, quelques satisfactions du débiteur, ou, dans le cas contraire, de lui imprimer la flétrissure qui reste encore attachée à ce mot, mais toujours avec la certitude qu'une fois la faillite prononcée, la créance est à peu près complètement perdue.

Les lenteurs, les frais de toutes sortes, les créanciers privilégiés, qui se présentent de tous côtés : employés, propriétaires, femmes dotales, jusqu'à l'Etat lui-même, qui joue souvent le rôle de gâte-misère, tout concourt à absorber un actif déjà épuisé dans une lente agonie commerciale.

Il y a donc urgence à restreindre les délais et à diminuer l'énormité des privilèges accordés à certains créanciers.

Quoi qu'on puisse penser de l'état de liquidation judiciaire, la faillite restera encore la solution qui s'imposera dans bien des cas. Elle est à peu près la seule arme du créancier contre son débiteur malhonnête et quelquefois cynique, et nous déclarons sans ambages que, dans l'intérêt de la moralité commerciale, nous la voudrions voir châtiée autrement que par des peines morales.

Tout d'abord, nous voudrions que la faillite ne puisse être prononcée que si la demande du ou des créanciers s'élève au moins à 300 francs.

Ce principe adopté, les tribunaux n'auraient pas la douleur de prononcer journellement des faillites, pour des sommes dérisoires contre des malheureux sans sou ni maille, faillites à clôturer le lendemain pour insuffisance d'actif.

La loi anglaise fixe un minimum de 50 livres sterling (1,250 fr.); cette somme nous a paru excessive et, par cela même, pouvant favoriser des abus qu'il est du devoir des tribunaux de réprimer ; mais, réduite an chiffre de 300 francs, elle ne paraît pas pouvoir porter atteinte au droit de défense, d'aucun intérêt sérieux.

Ceux, en effet, dont le passif commercial n'a pu s'élever au-dessus de 300 francs, sont ou d'infortunés petits boutiquiers ne jouissant d'aucun crédit réel, et n'ayant pu conséquemment en abuser, ou des brocanteurs, ce qui est fréquent, en ayant encore moins. Dans les deux cas, le négociant qui leur a vendu savait à quoi il s'exposait, et a dû vendre en conséquence, il n'est donc pas fondé à venir demander à l'Etat des déboursés pour la répression d'un état de choses dont il a profité et qu'en tout cas il devait connaître.

La déclaration de faillite prononcée, les délais pour lés diverses formalités doivent être considérablement abrégés et obligation faite aux syndics d'agir dans les limites indiquées.

Enfin, il est une cause de lenteur indépendante de la volonté des syndics et tribunaux de commerce, nous voulons parler de la longueur des instances engagées devant les tribunaux civils ou cours d'appel, en raison des procès que fait naître la liquidation d'une entreprise commerciale. Il nous semble qu'une circulaire du garde des sceaux pourrait enjoindre à ces compagnies de vider tout procès relatif à une faillite dans le délai d'un mois après sa mise au rôle.

Nous avons des faillites ouvertes depuis cinq ans, qui n'attendent, pour être clôturées, que la décision de cours voisines.

Les lenteurs diminuées, il y aurait lieu de restreindre aussi l'étendue des priviléges accordés à certains créanciers, l'Etat d'abord.

Le failli qui cesse le commerce peut être déchargé de la patente à compter du jugement déclaratif de faillite, mais l'administration des finances prétend au paiement de la patente entière de l'année, lorsque le syndic, dans l'intérêt de la masse, continue non pas le commerce, mais réalise simplement l'actif, par la vente, sans acquisitions nouvelles.

Nous le répétons, l'Etat joue ici le rôle de gâte-misère, la faillite doit être déchargée de toute patente pendant cette période, et les impôts privilégiés seulement pour l'année qui précède la faillite.

Après le percepteur, se présente le propriétaire, dont les droits, quoique réduits par la loi de 1872, sont encore excessifs, il peut réclamer quatre années, savoir : deux années échues, l'année courante et l'année à venir.

Nous estimons qu'on doit supprimer résolument les deux années échues.

Le terme de loyer est pour un commerçant une échéance sacrée, la première de celles qu'il doit payer, le propriétaire est fondé à en réclamer le paiement rigoureux, puisqu'il représente la rémunération d'un instrument de travail, sans lequel le commerce du débiteur lui-même ne pourrait s'exercer.

Mais si, pour une cause quelconque, il n'use pas de son droit et consent un atermoiement, il fait simplement crédit à son locataire du montant de son terme, tout comme un négociant fait crédit de sa marchandise, et comme celui-ci, il doit devenir un simple créancier chirographaire.

Qu'on veuille bien remarquer que le droit de propriété n'est pas en cause, mais qu'il s'agit simplement de la limitation d'un privilège excessif, dont l'exercice porte un grave préjudice au commerce. Le propriétaire, en effet, confiant dans son privilège, accorde au débiteur une latitude qui entretient chez lui les illusions trop faciles, et se trouve être ainsi la cause principale de l'amoindrissement d'un actif, qu'il vient ensuite absorber en grande partie, sinon en totalité.

VI

Du droit des femmes.

La partie du projet relative au droit des femmes a été surtout l'objet de la sollicitude des chambres et tribunaux de commerce consultés, c'est qu'il n'est pas en effet de droit dont l'exercice ait donné lieu à de plus criantes injustices, à de plus scandaleux abus. Aucune loi n'arrivera certainement à les faire cesser entièrement. On ne fait pas naître la probité en l'inscrivant dans le code, mais la commission, tout en respectant ce sage principe : « la dot ne périt pas », a cependant entouré la constatation des apports et l'exercice des reprises de certaines formalités et précautions de nature à empêcher quelquefois la fraude.

C'est tout ce qu'il nous semble possible de faire, car nous ne pouvons partager l'opinion de ceux qui, comme M. Saint-Martin et ses collègues, pour éviter un abus en favoriseraient de plus iniques en tombant dans l'excès contraire, en enlevant à la femme ce que le législateur a entendu lui réserver, dans l'intérêt supérieur de la société.

Mais il est un point sur lequel paraissent s'accorder toutes les opinions : c'est que, pour éviter à la faillite les frais onéreux du jugement de la séparation de biens qui intervient presque toujours, et dont les tribunaux civils font supporter la charge à la masse, à tort selon nous, il soit décidé que « le jugement déclaratif de faillite ou de liquidation » judiciaire entraînera de plein droit la séparation de biens, avec » faculté cependant pour la femme du débiteur de renoncer à profiter » de cette disposition, en signant, au greffe du tribunal civil, un acte » aux termes duquel elle déclare qu'elle entend abandonner à son mari » l'administration de ses biens ».

Il est aussi, dans la faillite, une obscure fonction, qui doit à son obscurité même, sans doute, d'avoir échappé aux investigations de la commission. C'est le gardien de scellés, fonction inutile et qui n'est point exercée. Nous ne pensons pas qu'on veuille la maintenir pour mettre en cause la responsabilité du gardien au cas de bris de scellés et disparition d'objets. Ce serait une raillerie de mauvais goût. Il y a donc lieu de supprimer simplement ce parasite.

Ces diverses modifications de détail sont de nature à améliorer sensiblement le résultat de beaucoup de faillites ; il restera à obliger les syndics à s'inspirer de l'esprit de la nouvelle loi, en donnant aux diverses opérations d'une faillite où d'une liquidation une impulsion plus vive que celles qu'ils sont généralement habitués à leur donner jusqu'ici.

Le devoir rigoureux de verser toutes leurs recettes à la Caisse des dépôts et consignations ou à la Banque de France, et d'en faire une répartition chirographaire, chaque fois qu'elle pourrait représenter un dividende de cinq pour cent, nous paraîtrait une excellente mesure, à laquelle le syndic devrait être astreint sous peine de révocation.

Le syndic devrait convoquer les créanciers au moins deux fois par an, pour leur donner connaissance de l'état de la faillite et des soins qu'il lui a donnés.

La question des honoraires à allouer à ces fonctionnaires ne nous paraît pas suffisamment explicite. L'art. 530 dit :

Les liquidateurs et administrateurs peuvent recevoir, quelle que soit leur qualité, après avoir rendu compte de leur gestion, une indemnité que le tribunal arbitre, sur le rapport du juge commissaire.

Les créanciers devraient, croyons-nous, avoir en l'espèce voix au chapitre, et sans aller, comme dans la loi anglaise, jusqu'à leur laisser le soin de fixer eux-mêmes ces honoraires, nous estimons qu'il y aurait lieu d'adopter un article ainsi conçu, c'est du reste avec une légère addition celui qui est proposé par la commission de la Cour de cassation :

« Les syndics, en rendant leurs comptes qui resteront déposés au greffe, produiront l'état de leurs honoraires, taxé par le juge commissaire et annexé au compte.

» Si la taxe est attaquée par un quart des créanciers présents, elle sera soumise au tribunal, qui devra statuer dans la huitaine. »

Enfin, le syndic serait tenu de convoquer sans délai l'assemblée des créanciers, toutes les fois qu'il en serait requis par la moitié des créanciers en sommes.

A la fin des opérations de la faillite, après la dernière répartition faite aux créanciers, le projet de la commission place la décision du tribunal sur l'excusabilité ou non du failli, après avoir entendu le failli, les contrôleurs, les créanciers et le juge commissaire.

Nous approuvons le choix du moment, pour une telle décision ; la légitime animosité du créancier trompé souvent dans des conditions particulièrement irritantes a eu le temps de se calmer, et l'appréciation ainsi rendue est dans une certaine mesure exempte du ressentiment qui lui enlèverait sa valeur ; le tribunal, du reste, demeure souverain juge, et saurait au besoin ne pas tenir compte d'une passion injustifiée.

Mais lorsque, après tous les avis, le failli sera déclaré non excusable par le tribunal, nous estimons que la nouvelle loi, sous peine de manquer de fermeté, doit édicter une pénalité autre que la privation des droits électoraux.

Le souci de la morale commerciale nous paraît commander impérieusement une pénalité matérielle contre le failli déclaré non excusable.

VII.

Législation étrangère.

La commission, tout en reconnaissant le caractère inique de certaines législations étrangères sur les faillites (il s'agit de l'Allemagne) qui placent les étrangers dans des conditions d'infériorité en matière de répartition d'actif, ne croit pas devoir insérer la réciprocité dans notre loi française, « constamment fidèle à ses vieilles traditions de géné-
» reuse et libérale justice, ne s'inspirant que du droit sans acception de
» nationalité. »

Ce sont là de belles et philosophiques paroles, que nous louerions avec empressement, s'il s'agissait d'une loi politique ou civile, mais il

s'agit dans l'espèce d'une loi d'affaires et l'expérience démontre cruellement qu'en affaires le sentimentalisme est une duperie. C'est pourquoi, partageant en cela l'avis de la commission de la Cour de cassation, nous pensons « qu'il ne suffit pas de laisser dédaigneusement aux législa-
» lations étrangères tout l'odieux de leurs iniques dispositions et qu'il
» convient au contraire, dans l'intérêt de nos nationaux, d'emprunter
» au droit international l'arme des légitimes représailles, c'est-à-dire
» l'égalité de traitement. »

VIII

De la banqueroute simple.

Les articles 587 à 590 énumèrent les cas dans lesquels un failli pourra être déclaré banqueroutier simple, ces articles comblent diverses lacunes qui existaient dans la loi de 1838, notamment en ce qui concerne la circulation des billets de complaisance et la création d'effets sans cause réelle. Presque chaque faillite importante révélait de ce chef de scandaleux abus, devant lesquels le parquet se déclarait impuissant.

Enfin, mesure excellente, l'article 592 accorde au liquidateur, administrateur ou contrôleur, le droit d'intenter une action en banqueroute, simple, après autorisation préalable de la majorité des créanciers. Les frais, s'il y a condamnation, sont supportés par le Trésor.

Nous approuvons sans réserve tout ce chapitre.

IX

Le chapitre relatif à la réhabilitation ne nous paraît pas comporter d'observations, il sera malheureusement, du reste, trop rarement feuilleté.

X

Telles sont les divérses modifications que nous proposerions d'apporter au projet de loi, que le commerce français attend du labeur de ses mandataires, et que ceux-ci, espérons-le, ne lui feront pas longtemps attendre. Si, accordant un sommeil bienfaisant à nos lois constitutionnelles si agitées depuis un siècle et à peine vieilles de sept ans, nos Chambres, négligeant les stériles discussions politiques, prenaient résolument en mains, pour le mettre à jour, le vieil arsenal de nos lois commerciales, administratives et autres, elles laisseraient à la postérité un impérissable souvenir et peut-être pourraient-elles dire avec vérité, en variant légèrement un mot célèbre :

Les affaires sont le terrain qui nous divise le moins.

CONCLUSION

Après en avoir délibéré,

Le tribunal approuve les conclusions du rapport présenté par M. Chassaing, et décide qu'ampliation en sera adressée à MM. les Ministres du commerce et de la justice, à MM. les Sénateurs, Députés et à M. le Préfet de la Haute-Garonne.

Ont signé :

Le rapporteur,   Le président,
CHASSAING.   FOURCADE.

MERENS, ESPINASSE, DARRIEUS, NINGRES, CANTON, LACROIX, juges;

De BOUSSAC, RICARD, CASTAING, CAUSSÉ, juges suppléants.